# Acht Briefe an eine Freundin über Clavier-Unterricht



Johanna Kinkel

Alpha Editions

This edition published in 2022

ISBN : 9789356704879

Design and Setting By
**Alpha Editions**
www.alphaedis.com
Email - info@alphaedis.com

# Vorwort.

Dieß Buch ist vorzugsweise für musikalisch gebildete Mütter bestimmt, die, entweder auf dem Lande oder in kleinen Städten lebend, beim Mangel eines tüchtigen Clavierlehrers genöthigt sind, den Unterricht ihrer Kinder in diesem Fach selbst zu leiten oder zu überwachen.

Vielleicht dürfte auch manche angehende junge Lehrerin einige der darin enthaltenen Beobachtungen nützen können, die ich während eines langjährigen Wirkens auf diesem Gebiete gesammelt habe.

London, Januar 1852.

**J. Kinkel.**

# I.

Du forderst meinen Rath hinsichtlich des Clavierunterrichts Deiner Töchter. Ich ergreife mit Freuden diese Veranlassung, um manche Erfahrung, die ich in meinem Fache machte, aufzuzeichnen, damit sie vielleicht außer Dir noch einem weiteren Kreise zu Gute komme. Musiker von Profession belehren zu wollen, möchte ich mir nicht anmaßen; doch die Classe von talentvollen und tiefer gebildeten Clavierspielerinnen, zu denen ich auch Dich zähle, die bei aller eigenen Fertigkeit kaum im Stande sein würden, ein Kind selbst zu unterrichten, werden mir vielleicht Dank wissen, wenn ich ihnen einige Winke zur Erlangung derjenigen Methode gebe, in der ich viele günstige Resultate erzielte. Mit Hülfe der vielen trefflichen Clavierschulen und Etüden, welche die bewährtesten Meister seit einigen Decennien herausgaben, kann zwar jeder musikalische Mensch, der etwas Geduld und klaren Begriff hat, ein ordentlicher Lehrer werden, doch bleibt es immer wünschenswerth, den Weg der eigenen Erfahrung etwas abgekürzt zu bekommen. Auch ist es sehr übel, wenn gleich Anfangs die Schüler einen Eindruck von Unsicherheit dadurch erhalten, daß man verschiedene Richtungen einzuschlagen sucht, die man bei fortgeschrittener Einsicht wieder verlassen muß.

Ich brauche Dir wohl nicht zu sagen, in welcher Ordnung man die Noten und Taktzeichen, überhaupt die Regeln des Clavierspielens nach und nach den Schülern beibringt. Du darfst nur eine anerkannte Clavierschule zum Grunde legen, so hast Du einen Leitfaden für die ganze Dauer des Unterrichts. Die Clavierschule aber, die Du Dir erwählt hast, mußt Du consequent durchführen. Du magst immerhin, zur Ermunterung des Schülers, wenn er ermüdet, ein heiteres Lieblingsstückchen als zeitweilige Unterbrechung gestatten; aber Du mußt dann wieder zur Clavierschule zurückkehren. Sollte zufällig diejenige, deren Du Dich bedienst, nicht mit einer hinlänglichen Zahl Handstückchen versehen sein, so erinnere ich Dich, daß davon ein vollständiges Heft, unter dem Titel: *Exercices préparatoires* von Aloys Schmidt in jeder Musikalienhandlung zu finden ist.

Ich beschränke mich darauf, hinsichtlich des ersten Unterrichts diejenigen Punkte hervorzuheben, die, obgleich von größter Wichtigkeit, am häufigsten durch Nichtbeachtung versäumt werden.

Hier steht obenan: richtiges Aufheben der Finger und die Beobachtung des grammatischen Accents.

Beide sind so leichte, sich von selbst verstehende Regeln, daß man sich fast schämt, viele Worte davon zu machen. Da aber manche Spieler jahrelang ihre Zeit mit vergeblichem Lernen verdorben haben und alle Schritte zurück und noch einmal thun müssen, bloß weil sie diese ersten Stufen ungeduldig übersprungen haben, ist es nicht überflüssig, jeden angehenden Lehrer immer wieder von neuem darauf aufmerksam zu machen.

Es ist bei verwöhnten Schülerinnen sehr mißlich, mehr als Eine schlechte Manier auf Einmal bekämpfen zu wollen, denn das beständige Unterbrechen und Tadeln von Seiten des Lehrers verwirrt und erbittert sie. Wende also Deine ganze Aufmerksamkeit zuvörderst auf den Mechanismus der Finger, welchen die allerleichtesten Handstückchen verlangen, und bedenke, daß, je strenger Du den Anfänger zur Erlernung derselben verpflichtest, um so eher Du ein blühenderes Feld mit ihm betrittst.

Ich weiß es: demjenigen, der zuerst in Musik unterrichtet, vergeht meist alle Freude am Lehren. Abwechselnd muß er Schülern, die vom frühern Lehrer verwahrlost wurden, die eingerostete Gewohnheit austreiben, ihre sämmtlichen Finger so zu sagen auf die Claviatur festzukleben; oder er muß kleine Kinder unaufhörlich warnen, daß sie die Finger nicht zu flach halten. Er fragt sich voll Ungeduld, ob es in der Welt ein nichtigeres und langweiligeres Amt geben könne. Er hat vielleicht tief in die Seele der Musik geschaut, und soll nun seine geliebte Kunst als die äußerliche Geschicklichkeit, auf einem Instrumente etwas zu spielen, seinen Schülern beibringen, anstatt sie musikalisch denken, empfinden zu lehren. Er möchte gerne der Magnet sein, der allen musikalischen Inhalt seiner Umgebung ans Licht zauberte, und einen Boden des Verständnisses für die Werke der unsterblichen Meister bereiten, die für Jeden todt sind, der die Musik als ein gedankenloses Spielzeug betreibt.

Dieser Mißmuth des Lehrers, dessen erster Eifer an den steifen Fingern und dem langsamen Begriff des Anfängers abgeprallt ist, theilt sich diesem sehr bald mit. Die Finger der Kinder besonders entbehren noch der nöthigen Muskelkraft, um nach jedem Ton elastisch aufzuspringen. Das beständige Mahnen: Finger auf! ist ihnen widerwärtig, und wenn gar der Widerwille des Lehrers gegen den handwerksmäßigen Theil seines Berufes permanent wird und sich in einem finstern, ungeduldigen Tone gegen seine Zöglinge entladet, so zerstört er in ihnen oft den Keim künftiger guten Leistungen.

Die Aufgabe des Lehrers für die erste Stufe: den Mechanismus der Finger auszubilden, ist eben eine Arbeit wie ein anderes Handwerk, bei dem er nicht lässig auf Nebenunterhaltung sinnen darf. Mit demselben Interesse hat er das Leichterwerden der Finger zu beobachten, wie etwa der Drechsler oder Metallarbeiter das Poliren seines Stoffs.

Wer keine Geduld und Freude auch bei den kleinsten Erfolgen seines Wirkens hat, der hat kein Lehrertalent.

Versuche es nur und gieb Dich einmal mit voller ungetheilter Aufmerksamkeit der allergeringsten Aufgabe hin, ein Kind eine Tonleiter vollkommen gleichmäßig spielen zu lehren. Die Lebhaftigkeit Deines Antheils, die Heiterkeit mit der Du beachtest: »jetzt waren noch zwei undeutliche Noten darin! jetzt nur noch eine! jetzt war sie ganz rein gespielt!« – geht auf das Kind mit über. Es wird selbst auf seinen Anschlag achten und mit Lust jedes Gelingen begrüßen. Ueberwindest Du in Dir selbst Trägheit und Langeweile, so reißest Du zugleich den Schüler mit fort. Daß Du zwischen den trocknen Uebungen abwechselnd eine anmuthigere Composition zum Vergnügen des Lernenden einschaltest, ist nicht zu verwerfen, wenn Du die Wahl so triffst, daß sie das Studium derselben zugleich fördert und nicht den Geschmack verdirbt. In den Etüden der neuern Componisten ist ohnehin das Wohlklingende hinreichend neben dem Nützlichen berücksichtigt, und haben die Schüler erst diese Stufe erreicht, so dürfen sie nicht mehr über Mangel an Unterhaltung beim Ueben klagen.

Es ist entschieden verderblich, mit unruhiger Hast von einem Stück zum andern zu springen, ehe das vorige fertig einstudirt war. Die Schüler müssen von vornherein die vollendete Reinheit der Ausführung als eine Nothwendigkeit empfinden lernen, der man sich nicht zu entziehen hat.

Wenn Du bedenkst, daß eine kleine Unart in der Fingerhaltung, die Anfangs unwichtig scheint, später einen freien geistvollen Vortrag unmöglich macht, so wirst Du nicht, gleich manchen Dilettanten, die mechanische Fertigkeit als eine Art Gegensatz zum seelenvollen Spiel betrachten. Sie muß als ein Mittel zum Zweck vorher da sein, ehe man dem Schüler das letztere zumuthen darf. Wie will ein Spieler, wenn er auch mit dem klarsten Verständniß begabt ist, die Schönheit in der Musik darstellen, wenn ihm seine Finger widerspenstig sind?

Wer sich also dem Geschäft unterzieht, einen Anfänger zu bilden, der sei redlich gegen denselben und eile nicht über den prosaischen Theil seines Berufes hinweg, um auf Kosten des Schülers sich selber etwas besser dabei zu amüsiren.

# II.

Es ist allerdings eine starke Forderung, daß ein Clavierlehrer seinen Zögling von der niedrigsten Stufe bis zum Gipfel leite, während fast in allem übrigen Lernen für jede abgegrenzte Classe ein besonderer Lehrer da ist, der dem folgenden in die Hände arbeitet. Hier gilt gewiß mehr als irgendwo der Satz, daß der trefflichste Professor oft der schlechteste Schulmeister sei.

Eigentlich besitzen wir bisher fast gar keine passenden Lehrer für die vorbereitenden Stufen. Wir haben alle Gradationen von geschickten und ungeschickten, pflichttreuen und gewissenlosen Lehrern, aber kaum einen, der sich damit bescheiden möchte, seine Schüler bis zu einem bestimmten Grad von Fertigkeit emporzubringen und ihn dann einem höher gebildeten Meister zu überlassen.

Ein Componist, der sich seinen dichterischen Träumen nur eine Weile hingegeben hat, kann sich unmöglich auf den Stundenschlag in die Seele eines Anfängers versetzen. Verfolgt er in Gedanken eine recht glücklich gefundene Melodie, und ehe er sie fertig aufschreiben konnte, tritt der Zögling mit dem Etüdenheft in die Stube, so ist seine erste Empfindung gegen ihn gewiß die, daß er ihn tüchtig durchprügeln und die Treppe hinunter werfen möchte. Der Schaffende hat einen natürlichen Haß gegen den ihn störenden Stümper, und alles Lehren ohne Liebe ist wirkungslos.

Es ist gar keine besondere musikalische Begabung dazu nöthig, kleine Kinder bei ihren Stückchen zu beaufsichtigen, ob sie die Finger richtig setzen; nur Geduld und Gewissenhaftigkeit. So manche Personen, die den Beruf eines Clavierlehrers wie ein anderes Gewerbe bloß zu ihrem Unterhalt ergreifen, ohne dabei das Bedürfniß eines tieferen Eindringens in den Geist der Musik zu empfinden, könnten überaus nützliche Mitglieder in der Kunstgenossenschaft werden, wenn sie innerhalb bestimmter Schranken genau ihre Pflicht erfüllten. Anstatt ihren unreifen Zöglingen möglichst früh den Beethoven preiszugeben, dürften sie die ersten Jahre bloß zur Bildung des Gehörs, des Taktgefühls und der Finger anwenden. Aus ihrer Elementarschule träte dann ein in seiner Art fertiger Schüler, den ein höher gebildeter Lehrer in eine geistigere Sphäre lenkte, ohne stets durch das materielle Hinderniß steifer Finger aufgehalten zu sein. Dieß, sich mit seiner geringen Aufgabe zu bescheiden, ist die Pflicht des Lehrers der ersten Stufe, und er ist nur insofern ein guter Lehrer, als er diese nicht überschreitet.

Soll ein Kunsttempel ausgebaut werden, so dürfen nicht Baumeister und Bildhauer selbst ihre Steine erst zusammenschleppen und behauen: dazu sind Handlanger besser.

Indessen, da es einstweilen nicht anders ist, und hochbegabte musikalische Naturen durch die Umstände nicht selten zu der untergeordnetsten Thätigkeit im Reich der Kunst veranlaßt werden, so wollen wir zu unserm Thema zurückkehren.

Es ist ein vielverbreitetes Mißverständniß, die Geschicklichkeit der Finger bloß nach dem Grad ihrer Schnelligkeit zu messen, während darauf viel weniger ankommt, als auf die Fähigkeit des Fingers: jedem Grad von Stärke oder Schwäche des Drucks auf ein Haar zu entsprechen.

Der vierte Finger ist von Natur der unlenksamste. Trifft es sich nun, daß ihm eine besonders ausdrucksvolle Note zugewiesen wird, so geht diese wirkungslos verloren, wenn er nicht beizeiten so erzogen ward, daß er den andern an Kraft gleichsteht. Das allbekannte Uebungsstückchen, worin der vierte Finger allein kräftig Achtel anschlägt, während die übrigen unbewegt Taktnoten festhalten müssen, ist dem Spieler so nothwendig wie dem Sänger das Ueben eines schwachen Registertons. Man thut dergleichen Aufgaben nicht ein für allemal ab, sondern sie begleiten einen durch die ganze Zeit des Lernens. Wenn man auf diese Weise täglich nur eine Minute lang den vierten Finger übt, so bringt man ihn bald mit den andern ins Gleiche.

Der kleine Finger steht seiner Kürze wegen gewöhnlich noch über der Claviatur, wenn die andern hinlänglich gekrümmt sind, um die Tasten nieder zu drücken. In der rechten Hand spürt man weniger davon, aber der linken erwächst ein großer Uebelstand aus dieser Gewohnheit. Dem kleinen Finger sind die Noten des Grundbasses zugewiesen; er soll das Fundament vertreten, auf dem die ganze Harmonie ruht, aber selten erfüllt er seine Aufgabe. Bleibt seine Note nicht völlig aus, so ist sie doch schwächer als die Mittelstimmen, während der Baß eher eine kräftigere Färbung haben müßte.

Die wenigsten Spieler sind sich dieses Mangels selber bewußt. Sie haben den Willen, ihren Baßton anzuschlagen; sie spüren auch wohl, daß der fünfte Finger die Taste berührt, aber sie beachten nicht, daß er sie nur zur Hälfte niederdrückte, ohne daß der Ton deutlich ansprach. Verfolgt der Spieler sein Stück auf den Noten, so ergänzt ihm die Einbildungskraft den fehlenden Baß dergestalt, daß er ihn gar nicht vermißt. Damen sind besonders diesem Hauptfehler unterworfen, weil sie in Gedanken die Melodie zu verfolgen pflegen und keine Empfindung von der größern Wichtigkeit des Fundamentalbasses haben. Wie manche Spielerin habe ich beobachtet, welche mit bedeutender Fertigkeit ein langes Stück spielte, und linienweise die Baßnoten ausließ, ohne es zu bemerken.

Achte darauf, daß Deine Schüler (besonders bei vollgriffigen Akkorden) die linke Hand immer etwas seitwärts nach dem Baß zu halten, so daß der Druck verstärkt in seiner ganzen Schwere nach den beiden schwächern Fingern hingeleitet wird. Gegen das Ueberlegen eines Fingers auf einen andern, welches eine häufig vorkommende Unart ist, giebt es ein ganz einfaches Mittel. Man steckt ein Ringelchen mit einem spitzig vorstehenden Stein, oder bindet nur einen Faden mit einem rauhen Knoten an die betreffende Stelle, so gewöhnt sich der Nebenfinger bald, auf seinem gehörigen Platz zu bleiben.

---

# III.

Es versteht sich, daß man den Anfängern nur die Beobachtung des grammatischen Accents zur Pflicht mache, und den oratorischen auf einige Jahre hinausschiebe. Der erstere, obschon man voraussetzen sollte, daß jeder Musiker ihn kennt, wird unbegreiflicher Weise von den meisten Lehrern stillschweigend übergangen. Man braucht nur ein provinzialstädtisches Orchester spielen zu hören, um den Mangel des grammatischen Accents höchst empfindlich zu spüren. Kein inneres Band hält den Zusammenklang der Instrumente, Alles zerflattert, als ob sie im nächsten Augenblick umwerfen wollten. Dieses Gefühl von Unsicherheit, das den Zuhörer quält, die Unklarheit der Akkorde selbst da, wo kein entschieden falscher Griff vorwaltet, rührt allein vom Nichtwissen oder Nichtbeachten der Accente her.

Es reicht deßhalb durchaus nicht hin, daß ein Lehrer seinem Schüler oberflächlich ein für allemal diese Regel mittheilt, sondern ihr Nichtbeachten muß jedesmal streng als ein Fehler gerügt werden: man muß innehalten, eben sowohl als ob eine falsche Note gegriffen wäre, und einen vergessenen oder verkehrt angebrachten Accent so lange korrigiren und wiederholen lassen, bis er richtig steht.

Am leichtesten begreifen Kinder den Accent, wenn man ihnen seine Uebereinstimmung mit den Versfüßen klar macht. Die umständlichen oder verwirrenden Namen: guter und schlechter Taktheil, schwere und leichte Zeit, Niederstreich und Aufstreich, Thesis und Arsis, unter welchen diese einfache Regel in den Clavierschulen behandelt wird, verwechseln sie leicht, oder übertreiben mit gezwungener Steifheit die Betonung des guten Taktheils. Aber gelingt es Dir, ein bekanntes Liedchen aufzufinden, das gleichen Rhythmus mit ihrem Stückchen hat, so brauchst Du ihnen nur dieß falsch betont vorzudeklamiren, um sie von der unausstehlichen Wirkung schlecht markirter Taktheile innerlich zu überzeugen. Ich will einmal annehmen, ein Kind spiele sein erstes Stückchen im Viervierteltakt; sagst Du ihm: Viertel eins und drei sind gute, zwei und vier aber schlechte Taktheile, die erstern müssen um einen Grad stärker markirt sein als die beiden andern, so wird es die Ursache nicht einsehen und mit großer Befangenheit ein steifes Forte und Piano abwechseln lassen. Die oben erwähnte Weise hingegen setzt sich sogleich im Gefühl fest. Z. B. eins zwei drei vier werden betont wie die Worte: Liebe, Gute. Du sagst nicht Liebeeh, Guteeh, daß der Ausdruck auf die kurze Silbe fällt; eben so wenig setzest Du beide Silben mit breitem, schläfrigem Ton gleich lang gezogen neben einander. Gerade so unwillkürlich wie Du im Sprechen die eine Silbe betonst und die andere fallen lässest, so mußt Du Dich gewöhnen, dem guten Taktthеil seinen leisen Nachdruck zu geben. Wird dieser Druck übertrieben, so wird der Vortrag roh und häßlich; das klingt so, wie schlechte Schauspieler deklamiren, die mit einem Schrei auf die eine Silbe fallen und die andere unhörbar lispeln. Läßt man ihn aus, so klingt jede Melodie wie das Lallen eines Kindes oder das Radebrechen der Sprache von einem Ausländer.

Den Unwissenden geschieht es fast immer, daß ihnen der Ton just auf dem guten Taktthеil nicht deutlich anspricht, und der darauf folgende auf dem schlechten um so gewaltsamer hervorstolpert. Zum Abgewöhnen dieser Unart sind wieder die ersten Handstückchen und leichtesten Etüden zweckmäßig zu benützen. Schüler, die schon das falsche Accentuiren als eine eingerostete Gewohnheit mitbringen, kann man allerdings nur dadurch heilen, daß man sie eine Zeitlang nöthigt, den guten Taktthеil ganz übertrieben zu markiren und nachher das Zuviel geduldig wieder ausschleift. Ihre andern Mißgriffe behandle man lieber so lange mit einiger Milde, aber man necke sie jedesmal unbarmherzig, wenn ihre Finger falsch deklamiren.

Der Sechsachteltakt prägt sich Kindern etwa durch die Worte: »Freundliche, Liebliche« ein, die man sie statt: »e i n zwei drei v i e r fünf sechs« ein paarmal deklamiren läßt.

Man hat eine Anekdote drucken lassen, welche berichtet, wie der berühmte Philosoph Moses Mendelssohn von Kirnberger die Theorie der Musik lernen wollte, und dieser sich vergebens abmühte, ihm begreiflich zu machen, daß Dreiviertel- und Sechsachteltakt verschieden seien. Er hätte ja nur zu sagen gebraucht: »Dreiviertel sind drei Trochäen und Sechsachtel zwei Daktylen,« so hätte das seinem gelehrten Schüler gewiß besser eingeleuchtet, als seine Benennung: »Tripeltakt und gerader Takt.«

Wessen Gefühl die richtige musikalische Deklamation früh eingeprägt wurde, der hat den Vortheil, daß der gute Taktthеil in seinem Spiel wie ein leiser Pulsschlag in einem lebendigen Organismus empfunden wird, ohne sich je, die Grazie des Vortrags störend, aufzudrängen. In dem Spiel desjenigen, der erst später diese Regel nachgelernt hat, pickt der Accent eher wie ein Uhrwerk und giebt uns den Eindruck von etwas Automatischem. Dennoch möchte ich noch lieber dieß geschmacklos heftige Accentuiren dulden, als es ganz und gar entbehren. Wie leicht finden sich beim Primavista-Spielen in vierhändigen Stücken, oder beim größern Zusammenwirken diejenigen zurecht, die den guten Taktthеil in Fleisch und Blut spüren, während jeder, der dieses Wegweisers entbehrt, beim geringsten Versehen sogleich stecken bleibt.

Wenn Du Spieler hörst, die bei bedeutender Fertigkeit einen total charakterlosen Anschlag haben, so kannst Du sicher sein, daß sie vom Unterschied der Taktthеile nie etwas gehört haben. Macht man sie darauf aufmerksam, so wollen sie ihre Unwissenheit nicht gestehen, schieben die

Sache als etwas Gleichgültiges weg und meinen, es sei die Hauptsache, daß man »mit Gefühl« spiele. Als ob ein Mensch mit Gefühl spielen könne, dem der falsche Accent einmal fest in den Fingern sitzt!

Eine unendliche Confusion ist in den musikalischen Unterricht durch die Unwissenheit der ersten Autoritäten gekommen, welche die Theorie der Takttheile feststellten. Schlägt man die Generalbaßbücher auf, so findet man den guten Takttheil Thesis genannt, während die Metrik im Vers die entsprechende Stelle als Arsis bezeichnet. Obgleich in der Vokalmusik die Accente zusammentreffen müssen, läßt man musikalisch oder sprachlich angewendet diesen Begriff sich widersprechen. Alte Theoretiker geben hiervon eine erstaunungswürdig naive Erklärung; sie sagen nämlich: »Arsis und Thesis bedeutet Hebung und Senkung.« Da nun beim guten Takttheil der Taktstock sich senkt (was auch Aufstreich und Niederstreich bedeuten), so versteht es sich, daß die accentuirte Note die Thesis heißen muß.

Es wäre sehr zu wünschen, daß ein Musiker von allgemeiner Berühmtheit endlich durch eine öffentliche Erklärung diese lächerliche Wort- und Begriffsconfusion aufhöbe.

Schließlich erinnere ich Dich noch an eine Feinheit im Beachten des grammatischen Accents, nämlich die, daß sich jeder Takttheil, er sei ein guter oder ein schlechter, nochmals in kleinere Theilchen spaltet, die wieder unter sich mehr oder weniger Gewicht bekunden. Passagen von Sechzehnteln oder Triolen zum Beispiel gewinnen sehr, wenn durch einen unmerklichen Druck des Fingers ihre kleinen Gliederungen in Drei- oder Vierzahl eben nur geahnt wird. Doch um solche Superfeinheiten des Anschlags bis in die letzten Consequenzen durchzuführen, gehört sich schon eine ziemlich geübte Hand, und den Anfänger verschone man lieber mit dieser Forderung.

Ueber Anschlag wird in der musikalischen Welt viel überflüssiges Gerede gemacht; ich wollte Dich deßhalb nur an die vorstehenden Mängel desselben erinnern, weil sie mir mit wenigen Ausnahmen bei allen neuen Schülern wiederkehrten. Leute, die der Rococo-Periode des Clavierspielens anhängen, verstehen unter schönem Anschlag nur eine Art von halbem Stackato in den Läufen, welches sie mit einer Perlenschnur zu vergleichen belieben. Man könnte bei diesem Anschlag zwar eben sowohl an einen Korb ausgeschütteter trockner Erbsen erinnert werden. Abgesehen von der Geschmacklosigkeit dieser Manier, wenn sie durchgängig angebracht wird, ist es schon deßwegen verkehrt, auf sie, als auf das Grundprincip des Anschlags, einen Werth zu legen, weil die Läufe und Verzierungen, zu denen sie allenfalls paßt, eher Nebensache sind, während alles Tiefere: Großartigkeit, Innigkeit des Gefühls, von dem Spieler allein durch richtiges Accentuiren zur Darstellung gebracht wird.

---

# IV.

Mit Gefühl spielen! Wie soll man die bezeichnenden Worte finden, um dem Schüler diesen vagen Ausdruck begreiflich zu machen. Ein Gesanglehrer hat es leicht, da der Text der Gesänge den besten Commentar für die Melodie abgiebt. Bei der Instrumentalmusik können wir hingegen nur gleichnißweise die Poesie benützen, um sie demjenigen näher zu bringen, der nicht Musik a l s Musik begreift, sondern den sie erst dann recht interessirt, wenn sie noch nebenher etwas Anderes bedeutet.

Es ist nun die Aufgabe des gebildeteren Musiklehrers, erwachsenen Schülern gegenüber diejenige Bezeichnung zu errathen, für welche ihre Subjektivität am empfänglichsten ist. Die Musik, sich äußernd in der Form des Clavierspiels, hält man in unsern Tagen fast unerläßlich zur Bildung einer jungen Dame der mittlern und höhern Stände. Ob mit Recht, darüber will ich Dir ein anderesmal mein Glaubensbekenntniß aussprechen. Genug, Talentvolle und Talentlose lernen jahrelang Clavier, und sie fordern natürlich, daß es der Lehrer mit einer Kunstfertigkeit gewissenhaft nehme, der sie so große Opfer bringen. Alle wünschen »mit Gefühl« zu spielen, und doch liegt es schon im Worte »Gefühl,« daß man es nicht lernen kann, wenn es einem nicht gegeben ist. Setzt man indessen das Wort: »mit Verständniß« spielen, an die Stelle, so zeigt sich, daß dieß vom Lehrer dem Schüler übertragen werden kann. Es sind Mittel vorhanden, um eine bestimmte Empfindung im musikalischen Vortrage darzustellen. *Legato*, *staccato*, *forte*, *piano*, und vor Allem der oratorische Accent dienen dazu. Wo diese vom Componisten vorgeschrieben stehn, reicht es hin, den Schüler daran zu erinnern, daß er solche Zeichen treu beobachtet. Aber es ist unmöglich, daß ein Componist jeder Note den Grad des Sforzando beifügte, ohne daß von der Masse der Zeichen unser Auge völlig verwirrt würde. Also kommen wir doch wieder auf das »Gefühl« zurück, welches uns eingiebt, wie stark wir betonen d ü r f e n , ohne daß die Grazie verletzt werde, wie stark wir betonen müssen, um die dem Tonstück innewohnende Leidenschaft zur Anschauung zu bringen.

Oft kommen in Einem Takt mehrere oratorische Accente nach einander vor, von denen jeder einen andern Grad der Betonung erhalten muß. Während das Wesen des grammatischen Accents regelmäßige Wiederkehr ist, und der Schüler ihn deßhalb bald begreift, giebt das Unvermuthete, Regellose im Charakter des Oratorischen dem Lehrer keinen Anhaltspunkt, ihn dem Schüler so zu bezeichnen, daß er ihn beim nächstenmal selbst herausfindet. Am ehesten ist er ihm durch eine Analogie mit der Deklamation verständlich zu machen.

Vom Lehrer setze ich voraus, daß ihm die Tonsprache aufgeschlossen sein muß. Ist er aber eine noch so innerlich musikalische Natur, die ganz in Tönen denkt und empfindet, so kommt davon nichts seinem Schüler zu Gute, wenn er nicht seine innern Anschauungen mitzutheilen weiß. Er muß sich also neben der musikalischen auch eine allgemeine Bildung, vor allem seinem Redevortrag die äußerste Klarheit und Sicherheit aneignen. Er muß Geistesgegenwart genug haben, um für jedes Musikstück sofort eine Analogie zu finden, die es dem Schüler faßlich macht. Er muß in seinem Gedächtniß passende Dichterworte bereit haben, um sie mit einer Musikstelle zu vergleichen, bei der er die oratorischen Accente aufweisen soll.

Bei sehr talentvollen Schülern sind diese Umständlichkeiten kaum erforderlich; bei talentlosen prallen sie sogar meist ab. Aber zwischen talentv o l l und talentl o s giebt es eine lange Reihe von Abstufungen, für welche eine und dieselbe Methode nicht ausreicht. Nimm nur eine Verschiedenheit als Beispiel an.

Eine Schülerin, die treffliches Gehör und Taktgefühl, eine leichte Hand und dabei nur Sinn für die oberflächlichsten Walzerkompositionen besitzt; eine andere, der die Natur steife Finger und fast gar kein eigentlich musikalisches Talent gegeben hat, die aber das Edelste und Größte in der Musik begreift und genießt, wenn Du es ihrem vielfach gebildeten Verstande auf anderem Wege nahe bringst. Du wirst es einsehen, daß Du mit diesen Beiden eine ganz verschiedene Sprache reden mußt. Die erstere kannst Du nur auf rein musikalischem Wege von der Nichtigkeit ihrer bisherigen Richtung überzeugen, indem Du ihr wiederholt die Erfordernisse einer guten Melodie, Harmonie und die eines schönen Rhythmus mit Beispielen am Clavier praktisch erklärest, und die ächte Musik mit derjenigen vergleichst, der diese drei Grundbedingungen fehlen. Der andern wirst Du die Verwandtschaft des vorliegenden Musikstückes mit dem Schönen aus einem fremden Gebiet aufweisen müssen, um ihr Interesse dafür zu gewinnen.

Bei allen Schülern dieser letztern Klasse muß man ablauschen, welche ihre anderweitigen Naturanlagen, Liebhabereien und Geschicklichkeiten sind, um etwa durch die Phantasie der Musik Eingang zu schaffen, wenn es auf sentimentalem Wege nicht gelingen will, oder um etwa einen Vergleich aus der Malerei zu entlehnen, wenn bei ihnen der Sinn für Farbe und Gestalt mehr ausgebildet sein sollte, als das Gefühl für Ton und Takt. So fördert jedes Wissen des Lehrers von andern Bildungsgegenständen den Schüler, wenn er es an der rechten Stelle anwendet, oft weit mehr, als wenn er sich noch so tief in die musikalische Grammatik vergraben hätte.

Manche Schüler besitzen nur die eine Hälfte des musikalischen Talents, nämlich die Auffassung ohne die Darstellungsgabe, oder umgekehrt. Den

Erstern nützest Du durch Vorspielen am meisten, den Letztern durch mündliche Erklärung.

Einem oberflächlichen jungen Mädchen erscheint eine isolirte Melodie um so schöner, weil die Armuth einer rhythmuslosen, vielleicht nur auf zwei Akkorde gebauten Begleitung ihre Gedanken nicht in Anspruch nimmt. Ueberhaupt die Melodie ist ihr Alles, und der Baß ist für sie eine ganz überflüssige Zugabe. Sonderbarer Weise behaupten sie von einer Composition, die in allen Theilen Reichthum und Fülle hat, z. B. von einer Fuge etwa: sie habe k e i n e Melodie. Das heißt nun recht den Wald vor Bäumen nicht sehen, denn bei der Fuge ist jede Einzelstimme eine gleichberechtigte Melodie, aber vier Melodien auf einmal zu hören, dazu fehlt ihren Ohren so zu sagen der Ueberblick.

Du mußt von Zeit zu Zeit eine ganz vorzügliche Composition vor solchen Schülern analysiren und sie nöthigen, ihre Aufmerksamkeit auf deren innern Bau zu richten. Dann geht ihnen das Bewußtsein von der Macht eines harmonisch bewegten Basses und selbstständiger Mittelstimmen auf. So wie sie vorher jede Composition trocken fanden, bei der sie den Zauber der Melodie zu vermissen glaubten, so wird ihnen bald kein harmonisch ärmliches Werk so verführerisch klingen, weil es etwa den wohlfeilen Vorzug einer hübschen Oberstimme hat. Endlich versäume nicht, die Rhythmusprobe vorzunehmen, indem Du ein Thema von allen melodischen und harmonischen Zuthaten entkleidet, auf einen einzigen Ton reducirest. Ist ein Rhythmus wahrhaft originell und belebt, so interessirt er uns noch, wenn wir ihn mit den Fingern auf den Tisch trommeln. Eben sowohl kommen die Schwächen der Erfindung unläugbar zum Vorschein, wenn seine Monotonie nicht mehr von der buntfarbigen Melodie übertüncht ist.

Auf diese Weise gewinnt der Schüler einen Ausgangspunkt, von dem er selbst prüfen mag, ob die Musik, die ihm gefällt, stichhaltig bleibt oder nicht. Es ist schon viel gewonnen, wenn er einsieht, daß ihm eine Musik darum nicht gefallen hat, weil sie ihm zu hoch war, und daß er im entgegengesetzten Falle sich beschämt bekennen muß, daß er sich am Gemeinen besser ergötzte. Selbsterkenntniß ist auch in diesem speziellen Falle der erste Schritt zur Weiterbildung.

---

# V.

An eine Erwähnung zu Anfang meines vorigen Briefes nochmals anknüpfend, spreche ich es als meine besondere Meinung aus, daß alle nicht von Natur musikalisch organisirten Personen besser das Singen und Spielen bleiben ließen, als uns arme Clavierlehrer zu Märtyrern der Geduld zu machen. Warum gerade die Musik eine so ausschließliche gesellschaftliche Mode geworden ist, begreife ich nicht. Ein gebildetes Haus, in dem kein Clavier stünde, gälte für eine Unmöglichkeit. Mädchen, die kein Gedicht richtig vorlesen können, lernen dennoch singen. Kaum, daß man eine Gesellschaft besuchen kann, ohne Musik ausstehen zu müssen, und was für entsetzliche Musik! Musikf r e u n d e und Musikf e i n d e werden gleich empfindlich durch den Anblick eines geöffneten Claviers mit zwei Lichtern darauf berührt, wenn sie einen Salon zur Erholung betreten. Dieß Musiciren zwischen der Unterhaltung ist eine auflösende Säure für das Gespräch. Hat man zum Glück einen verstehenden Menschen gefunden, mit dem man die höchsten Interessen durchsprechen kann, drängen sich einem die Gedanken in Fülle entgegen zu wechselseitigem Austausch, so schneidet uns die anregendste Mittheilung plötzlich der Schreckensruf ab: »Von der Alpe tönt das Horn.«

Du bezwingst Deine Ungeduld, hörst das hundertmal gehörte Lied mit verbissenem Ingrimm zu Ende, und nimmst das vorige Thema wieder auf. Ehe Du Deinem Freunde eine Lebensfrage bündig beantworten konntest, ergeht an Dich schon die andere vom Clavier her: »Mein Herz, ich will dich fragen, was ist die Liebe? sag!«

Du verlierst endlich alle Lust, an ein so zerstückeltes Gespräch die mindeste Aufmerksamkeit zu wenden, und lässest alles indolent an Dich herankommen, Geklimper und Geschwätz, Thee und Kuchen, wie es fällt.

Eine Hauptursache der Geistlosigkeit unserer meisten deutschen Gesellschaften ist dieß unausstehliche Musiciren, das man den Leuten aufdringt, ohne zu fragen, ob sie Geschmack daran finden. Wenn Jemand Musik hören will, so gehe er ins Concert, und wenn er Conversation sucht, in Gesellschaft. Wie tückisch ist es nun, einen mit der Aussicht auf Conversation in eine Gesellschaft zu locken, und ihn dann zu zwingen, Musik anzuhören. Das Geringste wäre doch, es einem vorher ehrlich zu sagen, es wird Musik gemacht, damit man seine Ohren weit genug flüchten kann.

Der Musiker, der täglich in dem Traumleben von Klängen befangen ist, bedarf zu seiner Erholung eines totalen Heraustretens aus dieser Sphäre geistiger Dämmerung in die sonnenhellen Regionen des Verstandes, wo der

Gedanke am Gedanken die elektrischen Funken schlägt. Welch ein Genuß ist eine wohlgeordnete, sich wie ein Kunstwerk entwickelnde Conversation! In höchster Virtuosität verstehen wohl nur die Franzosen sie zu führen, und darum müssen wir auch den Namen selbst ihrer Sprache entlehnen. Daß unsere »U n t e r h a l t u n g « die Sache nicht genau bezeichnet, beweist sich schon aus dem Mißbrauch, musikalische Abendunterhaltungen an ihre Stelle zu setzen. Wie nothwendig bedürften viele Frauen dieser Kunst der edleren Conversation, die den klaren Blick über alle Zustände schärft! Statt dessen sitzen sie schweigend mit ihren Strickzeugen in der Gesellschaft, und lassen die Musik nur eben auf ihre Sinne wirken, um des Denkens überhoben zu sein. Diejenigen, die noch eine Stufe tiefer stehen, schwatzen zwischen der Musik Allotria, und betrachten sie in unbegreiflicher Rohheit nur als ein Mittel, um die Pausen zu verdecken, die etwa im Gespräch entstehen könnten. Gesellschaft und Musik stehen jetzt wie Staat und Kirche; mit beiden kann es nur besser werden, wenn sie scharf gesondert bleiben.

Muß die Geselligkeit durchaus die Allianz irgend einer Kunst suchen, um sich über das Gemeine emporzuheben, so wähle sie doch lieber die der Conversation analogere Poesie als die Musik. Wie unbekannt bleiben unsere größten lyrischen Dichter im Verhältniß zu den geringsten Liedercomponisten! Rein darum, weil die Sitte unsern Damen nur gestattet, singend, nicht aber sprechend sich vor größern Kreisen zu produciren. Wie viel mehr bildend würde die Poesie in alle Kanäle dringen, wenn sich die Frauenwelt mit gleichem Eifer ihrer Verbreitung annehmen wollte, als sie es bisher mit der Musik gethan!

Sonderbar, daß ein junges Mädchen sich nicht scheut, vor Hunderten zu singen, aber vor Zittern und Beben in der kleinsten Gesellschaft kein Gedicht recitiren könnte.

Und doch, wie schlecht kennen die Mädchen hier ihren Vortheil! Die Wahl des Lieblingsdichters und der Ton der Stimme, mit der sie seine Verse sprächen, vergönnte ihnen einen unmittelbareren Seelenerguß, als die geheimnißvolle Tonsprache, die so Wenige zu deuten verstehen.

Ihre eignen Gefühle idealisch darzustellen, ist angebornes Bedürfniß jeder Mädchenseele. Daher dieser Drang zu singen, selbst wo Stimme und Talent fehlen. Nun kömmt noch ein äußerer Impuls hinzu, der, wie ich fürchte, häufig die Schuld trägt, daß Mädchen ohne inneren Beruf zur Musik sich dennoch in ihren Tempel drängen: ich meine, daß wir so vorherrschend im musikalischen Zeitalter leben, daß singende und clavierspielende Mädchen sich vor ihren nicht musicirenden Schwestern eines ungerechten Vorzugs erfreuen. Sie werden schon in frühester Jugend in größere Kreise gezogen, mehr beachtet, und verheirathen sich eher als andere, deren Eigenschaften unbemerkt bleiben. Mädchen von kaltem Gemüthe erscheinen oft seelenvoller als andere, weil sie wohleinstudirte Empfindungen mit einer melodischen Stimme ausdrücken, zu denen sie selbst gar nicht befähigt sind. Andere, die sich nicht mit diesem Blendwerk umgeben können, haben vielleicht tiefes Gefühl, aber ihre unmusikalischen Laute lassen es wie eine bittere Ironie erscheinen.

Die Letztern müßten zu ihrem eignen Wohl nothwendig aus der Musik ausgeschieden und zu Vertreterinnen der Redekunst angewiesen werden.

Du wirst diesen Brief eine seltsame Abschweifung nennen, indem ich, während ich versprach, Dich auf der Bahn des musikalischen Unterrichts zu fördern, mich auch einmal g e g e n die Musik erkläre. Aber ich weiß, daß durch die vielen ungehörigen Elemente unsere Kunst nur zerfressen wird, und ich möchte jede Mutter warnen, aus bloßer Modesucht einen Theil der Lebenszeit ihres Kindes dem Erlernen derselben aufzuopfern, wenn es nicht natürliches Talent oder große Vorliebe dafür äußert.

---

# VI.

Ein Zuwachs an musicirenden Individuen wäre der Kunstwelt jetzt eigentlich weniger vonnöthen, als eine Vermehrung derjenigen, die Musik wahrhaft zu genießen und zu beurtheilen verstünden. Seit Anbeginn der Musikgeschichte ist man dasselbe Geschwätz von den Dilettanten gewöhnt, daß mit irgend einem Götzen der Gipfel erreicht sei, und daß die Modernen nicht mehr komponiren könnten. Schade, daß durch diese musikalische Kleinstädterei so manches Talent zu Tode gedrückt wird.

Alle, welche unfähig sind, die Kunst im Ganzen und Großen zu überschauen, heften sich an die Namen berühmter Personen. Die sogenannten Leitkenner in den kleinen Städten, denen das Publikum blindlings nachplaudert, kreiren sich gewöhnlich ein paar musikalische Honoratioren, worunter Beethoven stets obenan stehen muß, mit denen sie es allein für schicklich halten, umzugehen, und jeder Musiker büßt bei ihnen an Vornehmheit ein, der die musikalische Menschheit daneben in ihrer Würde bestehen läßt. Sie pflegen sehr salbungsvoll von den vielen »f a l s c h e n  Q u i n t e n« zu reden, die man bei den modernen Componisten finden soll, indem ihnen etwas vorschwebt, was sie einmal von zwei r e i n e n Quintenfortschreitungen gehört haben. Die Kinder der »Leitkenner« werden in dieser komischen Hochnäsigkeit geboren und erzogen und wollen schon, ehe sie die Tonleitern begriffen haben, die *Sonate pathétique* spielen.

Damit die folgende Generation nicht denselben Alpdruck vererbt erhalte, unter dem wir während unseres Strebens geseufzt haben, wäre es das beste Mittel, die Kenntniß der Musikgeschichte in weitern Kreisen einzuführen.

Nicht die genauen Kenner des Alten sind es, die sich feindselig dem Neuen entgegenstemmen, sondern immer die Unwissenden und Nichtskönner. Die Leute, die am heftigsten auf den Sebastian Bach schwören, und vorgeben, nichts lieber als eine Fuge zu hören, sind die, welche, wenn man ihnen ein Vorspiel nebst Fuge aus dem wohltemperirten Clavier spielt, ganz ernsthaft sagen: »die e r s t e Fuge hat mir am besten gefallen, die z w e i t e war nicht so schön.«

Unter der vermeintlichen ersten Fuge verstehen sie das Vorspiel, welches sie seiner populären Läufe wegen besser begreifen, als die wirkliche Fuge. Dieß Curiosum ist mir fast jedesmal vorgekommen, wenn ich einem Leitkenner ein Präludium nebst Fuge von Bach vorspielte.

Tadelst Du das Mindeste an einer Beethoven'schen Composition aus den triftigsten Gründen, so sind sie unverschämt genug, Dir vorzuhalten, daß erst die künftige Generation befähigt sein werde, diesen Meister ganz zu verstehen; spielst Du ihnen aber ein wenig bekanntes Stück des großen Meisters anonym vor, so finden sie es »sehr trivial«.

Das Alles zerfällt in sich selbst, wenn man den geschichtlichen Gang der Musik verfolgt. Wie oft zeigen uns die vergangenen Jahrhunderte einen scheinbaren obersten Höhepunkt, von dem aus die Zeitgenossen kein Aufwärts mehr annehmen, und wie hat das folgende Jahrhundert stets solchen Aberglauben zu Schanden gemacht! Eben so sicher ist es, daß der Geist, den ein Componist am frappantesten darstellt, Geist einer ganzen Epoche ist, und daß sich beide in steter Wechselwirkung gegenseitig anregen.

Wollen wir ein gerechtes Urtheil über einen Meister, so müssen wir die Werke seiner Zeitgenossen und die verbindenden Glieder, die eine Epoche an die andere knüpfen, eben so gründlich studiren, als die Werke, die ausschließlich seinen Namen tragen. Es verschwindet uns dann freilich der Nimbus eines einzelnen Hauptes, aber wir gewinnen dafür ein Ganzes und Allgemeines.

Du wirst mir entgegnen, daß die Zeit eines Schülers, der die Musik als ein Nebenfach betreibt, nicht ausreiche, ihm einen Ueberblick über deren Gesammtgebiet zu verschaffen, ohne seine Fortschritte im Spielen zu schmälern. Indeß bedenke, daß es wichtiger ist, den Schüler zu einem wirklich musikalischen Menschen zu bilden, als die Zahl der Claviervirtuosen zu vermehren, denn diese sind nächst den Bravoursängern wohl die unmusikalischsten Personen auf der Welt.

Ein Claviervirtuose verbraucht fast alle seine Zeit, um die Geschwindigkeit der Finger zu erlangen, welche zu seinen unaussprechlich schweren und sonst völlig werthlosen Kunststücken nöthig ist. Daneben erwirbt er sich selten Verständniß und Urtheil, denn durch den ausschließlichen Verkehr mit dem Allerkleinlichsten der Kunst, wird er stumpf und gleichgültig gegen ihr Höchstes, wenn es ihm einmal entgegentritt. Solche bloßen Techniker sind meist die eitelsten, fadesten, unleidlichsten Personen, denen sich der ganze Sternenhimmel nur um ihre Läufe und Triller zu drehen scheint. Der erhabenste Gedanke läßt sie kalt, weil er nicht in Vierundsechzigsteln ausgedrückt ist, und sie halten Jeden für einen Heuchler, der eine so einfache Musik entzückend findet. Ueber die Entstehung der Musik, ihre Entwicklung, ihren Zusammenhang mit den andern Erscheinungen auf künstlerischen Gebieten haben sie nie nachgedacht – genug für sie, daß das Clavier erfunden ist; damit ist ihre Wißbegier hinlänglich gestillt. Mir sind concertgebende Virtuosen vorgekommen, die den Namen H ä n d e l nie gehört hatten. Einer, welcher in der Meinung war, es sei ein neuer Componist, äußerte, als er zuerst eine seiner Compositionen hörte: dieser junge Mann werde wohl wenig Glück in der Welt machen.

Wenn Jeder, der täglich ein paar Stunden auf die musikalische Technik wendet, davon nur eine halbe dem Studium der Geschichte seiner Kunst zuwendete, so würde sich die kleine Einbuße an Fingergeschwindigkeit reichlich belohnen. Unsere Dilettanten sollten doch einsehen, wie lächerlich es ist, den Virtuosen nachzuäffen, und lieber ihren Ehrgeiz auf den wissenschaftlichen Theil der Musik richten.

Wer aber weiter nichts will, als ein paar Clavierstücke spielen lernen, der sollte sich mindestens allen Urtheilens und Mitsprechens enthalten, um nicht eine unsäglich lächerliche Figur abzugeben.

# VII.

Ein geschichtliches Studium der Musik ohne alle und jede theoretischen Kenntnisse möchte wohl unmöglich sein. Selbst der bloße Clavierspieler kann den Generalbaß schwer entbehren, und kein Lehrer sollte einem vorgerückten Schüler ein Stück einüben, über dessen innern Bau jener sich in völliger Unwissenheit befände. Wer gar keine Akkordenlehre kennt, der spielt meist die Noten wie ein Kind, das ein lateinisches Gedicht auswendig gelernt hat, ohne dessen Sinn zu kennen. Ein anderes Gleichniß bezeichnet Dir wohl genauer, was ich meine: ein Maler, der nicht Anatomie studirt hat, wird nie den menschlichen Körper so ausdrucksvoll malen, als ein anderer, welcher genau weiß, welche Muskel sich unter der Haut bewegt. Sogar dem Faltenwurf siehst Du es an, ob der Maler nur die Oberfläche seines Gegenstandes beobachtet hat. Ganz ebenso hörst Du aus dem Vortrag des Spielers heraus, ob ihm das Skelett der Composition bewußt ist oder nicht.

Es giebt zwar große Talente, deren musikalisches Ahnungsvermögen sie ohne alle Kenntnisse an ein weiteres Ziel führt, als andere Minderbegabte trotz ihres Wissens erreichen, aber das hebt meine Behauptung nicht auf, denn was hätten jene m i t den Kenntnissen erreichen können, was würden diese o h n e sie geblieben sein?

Ein Dilettant, der es nur so weit gebracht hat, daß er Musik von der Schwierigkeit der leichtern Mozartschen Sonaten bewältigen kann, müßte soviel Generalbaß verstehen, daß er ein Vorspiel oder eine Begleitung zu einem Liedchen improvisiren und in jede Tonart transponiren könnte. Dieß ist eine so kleine Anforderung, und doch, wie viel mehr Werth hätte für Jeden ein solches Können, als das fertigste Spielen eines schweren Clavierconcerts?

Die Generalbaßstudien, wie ich mir sie für das Bedürfniß junger Mädchen etwa denke, die der Musik als nur einem Theil ihrer allgemeinen Bildung wenig Zeit opfern können, dürfen freilich nicht so eingerichtet werden, daß sie bloß auf dem Papier bleiben, und nach unendlicher Schreiberei endlich das Resultat eines höchst trockenen Compositionsversuches erzielt wird. Nein, sogleich auf dem Clavier muß jeder neugewonnene Akkord praktisch angewendet und, wo er in fremden Compositionen vorkommt, wieder erkannt werden. Dieß spornt den Trieb, mehr zu wissen, und mit jedem neueroberten Fußbreit wächst die Freude und das Interesse an der Musik. Wie verehrungswürdig schauen den Schüler die Räthsel in den reichhaltigern Kunstwerken an, deren Größe er nun zu ahnen beginnt, da sein Ariadnefaden nicht mehr ausreicht, um in ihre labyrinthischen Tiefen einzudringen – und wie sinkt in seinen Augen alles Seichte und bloß Aeußerliche, wenn er den ärmlichen Stoff durchschaut, mit dem das Blendwerk hingestellt wurde! Und das ist schon ein Gewinn, wenn der Schüler einsieht: hier ist eine Leistung über meinen Horizont, die darf ich mit meinem Urtheil nicht antasten; oder: jenes gefällt mir zwar, weil es dem Ohr schmeichelt, aber ich sehe dennoch ein, daß es eine werthlose Arbeit ist. Ist er sich bewußt, daß ihm etwas Dummes gefallen und ein Erhabenes fremd bleiben konnte, so quält er den Künstler nicht mehr mit albernem Kunstgeschwätz, denn dieß ist und bleibt, wie sich der Schaffende auch darüber hinwegsetzen möge, ein stetes Hemmniß für den Fortschritt der Musik.

Alles Mathematische ist für die weibliche Natur mit einer besondern Schwierigkeit verknüpft; darum das Erlahmen der meisten Schülerinnen, wenn der Generalbaß sie erst in die umgekehrten Contrapunkte führt, deren Princip der Mann spielend auffaßt. Man muß außerordentlich kleine Schritte machen und so geduldig sein, wie bei eines Kindes ersten Redeversuchen.

Laß mich Dir beschreiben, welches Gängelband ich mir ausgesonnen habe, um das System der verwandten Tonarten jungen Mädchen rasch und leicht einzuprägen. Ein Rigorist wird es vielleicht verspotten; aber da es sich mir in unzähligen Fällen praktischer erwiesen hat, als das bisherige aus den Büchern, so habe ich jedenfalls die Erfahrung für mich.

Zuerst wird eine Tabelle auf Notenpapier von zwölf Systemen linirt, und, dem Quintenzirkel nachfolgend, jede Tonleiter hineingeschrieben, so daß *C-dur* oben anfängt, auf der siebenten Linie *Fis-dur* mit *Ges-dur* verwechselt wird und *F-dur* die unterste Linie beschließt.

Nun wird auf die Prime und die Quinte der Dreiklang gesetzt, vorher darauf aufmerksam gemacht, daß die Intervalle desselben schon in der Tonleiter enthalten waren, und oben die Namen Tonica und Dominante angeschrieben. Damit haben sie das ganze Blatt herunter die Uebersicht des wichtigen Dominante-Akkords auf der fünften Stufe einer jeden Tonart. Jetzt müssen sie kleine Stückchen erfinden, in denen bloß diese beiden Akkorde abwechseln: hierin ist kein Irren möglich; denn wenn sie nur mit der Tonica anfangen und aufhören, so stimmt es immer. Sie dürfen zur Abwechselung weite und enge Arpeggien daraus machen, und nichts ist ihnen verboten, als daß Ober- und Unterstimme in Quinten und Oktaven fortschritten. Eher dürfen sie keinen Schritt weiter, bis sie darin fest sind. Die Allerunachtsamste selbst hat sich leicht gemerkt, daß das einfachste Mittel hierzu ist, mit der rechten Hand herunter zu greifen, wenn die Linke steigt, und umgekehrt, oder daß die eine Hand einen kleinen Schritt machen muß, wenn die andere einen großen thut.

So darf man denn bald der Schülerin noch einen dritten Akkord preisgeben, nämlich den Dreiklang auf der Unterdominante (vierte Stufe der Tonleiter); der ist wieder leicht zu finden: Tonica in der Mitte, von da fünf Töne herauf mit der Linken zur Dominante, oder vom ersten Ausgangspunkt fünf Töne zurück zur Unterdominante. Ueberhaupt darf die Linke, bis die verwandten Tonarten der Tabelle sämmtlich vorgekommen sind, nichts greifen als den Grundbaßton. Alle Umkehrungen verwirren die Anfängerinnen, ehe sie alle Dreiklänge in ihrer ersten natürlichen Gestalt mit den verschiedenen L a g e n sich fest eingeprägt haben. Fällt ihnen keine neue Form mehr ein, um aus jenen drei Akkorden ein Sätzchen zu bauen, so muß der Lehrer ihnen nachhelfen und ihnen irgend eine neue Figur innerhalb derselben zeigen.

Fast die meisten Volkslieder lassen sich mit diesen drei Akkorden begleiten, und thut man gar einen Mollakkord hinzu, so ist ja beinahe der Stoff vorhanden, um eine ganze italienische Oper zu machen.

Der nächste Akkord, den man in den Kreis mit hineinzieht, ist am besten: der Dreiklang auf der sechsten Stufe der Tonleiter, dem man die Ueberschrift: Parallel-Tonart, giebt, denn unter diesem Namen kennen ihn die Schülerinnen schon vom ersten Erlernen der Tonleiter auf dem Claviere her. Dieser Akkord paßt wieder überall hin, und zwischen jedem der vorherigen harten, strengen Dreiklänge, bildet er ein weiches, weiblich vermittelndes Element. Will man schnell vorwärts kommen, so lasse man die Schülerinnen die alten Figuren wieder anbringen, denen ja ohnehin durch das Hinzutreten der Molltonart nun eine frische Mannigfaltigkeit zugewachsen ist.

In dieser Weise fährt man ruhig fort, jeden neu hinzugekommenen Akkord durch alle Tonarten anbringen zu lassen, wobei man, wie oben erwähnt wurde, Alles, nur keine Quinten- und Oktavenfortschreitungen zwischen Ober- und Unterstimme dulden darf. Nach der Parallel-Tonart läßt sich am leichtesten der weiche Dreiklang auf der zweiten Stufe der Tonleiter einflechten, zuletzt, als der schwierigste, der auf der dritten Stufe (Mediante). Man mache den Schüler darauf aufmerksam, daß dieser am natürlichsten nach der Dominante, mit der er am nächsten verwandt ist, angebracht werden kann.

Ist dieser Gang vollendet, und das geht bei einer Schülerin, die nur irgend musikalisches Gehör hat, in einem Monat reichlich, so macht sie von selbst keine Quinten- und Oktavenfortschreitungen mehr.

Lehrst Du sie nun noch den Hauptseptimen-Akkord richtig anbringen und auflösen, so kann sie sich für alle Dilettantenbedürfnisse selbst helfen. Hat sie den Trieb, weiter zu gehen, so füge der Tabelle die Umkehrungen der Akkorde bei, und lehre sie dieselben ebenso, wie das Vorige, nach und nach behandeln, wobei Du aber ohne schriftliche Aufgaben zugleich nicht fertig werden wirst. Dann mündet die Sache ferner vollständig in den Generalbaß ein, in die Kenntniß sämmtlicher Akkorde, Vorhalte, Modulationen u. s. w., wozu ein dilettirendes Frauenzimmer keine Zeit hat, und im Fall sie es auch lernte, wenn ihr die Schöpferkraft fehlt, nichts damit zu machen wüßte. Sehr besonnenen Naturen kann man höchstens die verschiedenen leitereigenen Septimenakkorde noch beibringen.

Großen Talenten wird nach diesem Vorhergehenden die vollständige Theorie ein unerläßliches Bedürfniß werden. Aber der Lehrer darf nicht außer Acht lassen, welchen Schnitt in alles Lernen der Frauen die Heirath macht. Diese Rücksicht allein schon macht es nöthig, für Dilettantinnen bestimmte Stufen anzuordnen, auf denen es möglich ist, sich so festzustellen, daß sie im Laufe des Lebens das Erlernte nicht mehr verlieren können.

---

# VIII.

In einem großartigen Tonstück scheinen die Tonarten in ihrem Kampfe mit einander gleich sich entwickelnden Naturkräften zum Licht empor zu dringen, endlich Gestalten anzunehmen und ihr Stück Weltgeschichte mit zu erleben. Doch ergötzt uns auch schon im Kleinen die humoristische Intrigue, die in der gewöhnlichsten Sonate von der Familie der Tonarten in immer wechselnder Scene aufgeführt wird.

Da tritt zum Eingange der Dreiklang der Tonica gleich dem Hausherrn im vollen Gefühl seiner Würde auf und beginnt ein Gespräch mit seiner Hausfrau Dominante, und ermahnt den Sohn Subdominant und die beiden Medianten, seine holden Töchter, zu allem Guten. Er geht auf Reisen und es gefällt der Frau Dominante, in seiner Abwesenheit auch einmal die Hosen anzuziehen, oder mit andern Worten, s i c h das Subsemitonium zu vindiciren, wodurch am Ende des ersten Abschnittes die Täuschung so vollkommen wird, daß jeder meint, jetzt sei die Dominante der Herr im Hause.

Aber die vermeintliche Tonica versteht es schlecht, sich in ihrer Herrschaft zu behaupten. Die Kinder rebelliren gleich zu Anfang des zweiten Theils: der Subdominant lädt keck seine befreundeten Nachbarn ein und kehrt mit ihnen im tollen Gelage das Haus um. Allerhand verbuhlte Septimenakkorde kommen von nah und fern und umschwärmen die Medianten. Die Dominante strebt vergebens, Ordnung zu stiften; endlich mit lang aushaltendem Ruf mahnt sie den Vater zur Heimkehr. Wußte man im Mittelsatz nicht mehr, wer Herr noch wer Diener sei, so schwinden alle Zweifel, wenn der ächte Dreiklang der Tonica in seiner angestammten Legitimität das Haus wieder betritt. Alle die übrigen Dreiklänge scheinen nur Entschuldigungen wegen des Vorhergegangenen zu den Füßen ihres Herrschers zu legen, der ihnen freundlich vergiebt, sie auf die ihnen gebührenden Stufen zurückweist und in einem Schlußakkord, dem auch der Böswilligste nichts mehr entgegen zu setzen hat, seine thatenreiche Laufbahn glänzend beendet.

---

Um einige Jahrzehnte hinter uns liegt eine Epoche der Claviercomposition, deren Vertreter ihre beste Kraft an Nebendingen verschwendeten. Der Kern eines Musikstücks, oft von bedeutender Schönheit, war in einen Wust von arabeskenhaften Flitterpassagen eingehüllt, der wie ein Reifrock die natürliche Form entstellte. Ein Normal-Clavier-Concert jener Zeit dauert etwa drei Viertelstunden; es enthält, wenn man die üblichen Cantilene-Stellen im ersten Theil, dem Adagio und Rondo zusammenzählt, fünf Melodien, jede etwa sechzehn Takte lang; alles Uebrige sind Läufe und Sprünge, wobei die Durchführung jener wenigen Melodien den begleitenden Instrumenten überlassen bleibt. Der größte Werth ward auf die Mannigfaltigkeit der schwierigen Kunststücke für die Finger gelegt, welche im raschesten Tempo aufgeführt werden mußten, auch wurden diese von den Zuhörern immer mit rauschendem Applaus belohnt.

Die Virtuosen bildeten nun die Finger auf Kosten des Geistes aus, opferten ihrer Eitelkeit das künstlerische Gewissen, und traten nur mit solchen Stücken öffentlich auf, deren Einstudiren auch dem Geübtesten viele Monate Lebenszeit kostete. Der Kunstfreund, wenn er auch ein augenblickliches Vergnügen beim Anhören eines solchen mit Anmuth und Geschicklichkeit vorgetragenen Stücks empfand, konnte sich nicht verhehlen, daß nichts wahrhaft Schönes durch dessen Schwierigkeiten erreicht wurde, daß sie vielmehr nur dazu da waren, das Publikum in ein dummes Erstaunen zu setzen.

Anders ist es nun geworden, wo das Schwere wenigstens einem höhern künstlerischen Zweck zu dienen strebt, obgleich der alte Mißbrauch noch nicht unbedingt abgethan ist. Die Mehrzahl der neuesten Claviercompositionen erfordert vor Allem einen feinen und seelenvollen Vortrag; die mechanischen Schwierigkeiten sind so ziemlich in den Hintergrund gedrängt worden; auch wird der herrschende Gedanke darin nicht durch ewige Wiederholungen und Variationen abgeschwächt: eher dürfte man ihnen eine zu gedrängte Kürze zum Vorwurf machen.

---

Den ersten Anstoß hierzu hat Felix Mendelssohn durch seine allbeliebten Lieder ohne Worte gegeben; sie verhalten sich zu dem frühern Clavierconcert, wie das einfache Lied zur prätenziösen Bravourarie. Ihr Inhalt ist wie bei jenem der Seelenerguß, den eine fröhliche oder wehmüthige Stimmung hervorruft, das Landschaftsbild, Jagd und Wasserfahrt und so weiter. Einige bestimmte Gattungen findet man, wenn auch im Gedanken und der Ausführung sehr verschieden, doch in verwandten Zügen in jedem Hefte wieder. So ist z. B. Nr. I jedesmal eine getragene Melodie in sehr sanften Modulationen, über einer etwas bewegtern arpeggirten Begleitung schwebend, welche die leise Sehnsucht unausgesprochener Liebe, oder die holde Ruhe in der seligsten Erfüllung ausdrückt. Ein Lied der schmerzlichen Klage folgt, oder ein wildes Reiterlied, wo wir im dunkeln Wald den Sturm und den Regen brausen hören, der die Hufschläge des Rosses und den trotzigen Sang des einsamen Gesellen begleiten. Die leidenschaftlose Melodie religiöser Inbrunst oder stiller Ergebung in ein höheres Walten ist nicht minder unverkennbar in mehreren von diesen Liedern ausgedrückt. Es ist nicht eben Choral oder hergebrachter Kirchenstyl, aber die Heiligkeit und

Würde der Akkorde und Rhythmen ist durch und durch von Gebethauch umflossen.

Das venetianische Gondellied ist einigemal in gleich gelungener Weise vertreten. Sehr fein hat Mendelssohn durch die Wahl der Tonarten und die Lage der Akkorde den Zauber der Sternennacht heraufbeschworen. Wer nur die beiden ersten Takte beobachtet, der kann nicht mehr zweifeln, daß hier kein Bild des farbenhellen Tages sich aufrollen wird. Tiefer und tiefer umhüllen uns dunkle Schatten, ein eigner feuchter Schimmer entwickelt sich aus den Baßakkorden, als schauten wir hinab in das grüne Meer; nun kommen im ruhigen Takt die Ruderschläge, von einer wellenförmigen Begleitung umspielt, kleine abgestoßene Terzengänge geben täuschend den Klang der Guitarre wieder, die den zweistimmigen melancholisch langgezogenen Gesang begleiten, der aus dem Innern der Gondel fernhin über die Laguna schallt.

Das Lied Nr. III im ersten Heft, in der heitern goldgrünen Tonart *A-dur*, führt der Phantasie ein Jagdbild in frischester Kraft und Anmuth vor. Hörnerklänge laden in den dunkeln Forst, die Rosse im Galopp, die wallenden Federbüsche ritterlicher Gestalten fliegen uns vorüber; die Harmonie malt ein Harren, Suchen, Hin- und Herirren, endlich das Auffinden der Spur. Nun jubelt Alles auf; durch das Dickicht hindurch stürzen sie, wo die verschlungenen Zweige sich rauschend öffnen und schließen. Ein letztes Geraschel im Laub, ein fernes Verhallen, und wie ein aufwirbelndes Staubwölkchen schließt die zierlichste säuselnde Roulade, von wenigen Tönen gefolgt, ab, als sei Alles nur ein Traum gewesen.

Das Lied Nr. IV im zweiten Heft zeichnet das stille Wandeln neben einem plätschernden Bach. Die spielende Figur im Baß gleitet wie krystallklare Wellen über reinliche Kiesel dahin. Die Schlußpassage, die sich aus diesem Baß entwickelt und mit lieblichster Grazie aufsteigt, gleicht dem Abendwind, der im Fluge ein paar Apfelblüthen mit sich emporwirbelt und dem Wanderer auf den Pfad streut.

Auch ein Duett zwischen Baß und Oberstimme ist diesen Liedern ohne Worte beigefügt, und wie sich versteht, ein z ä r t l i c h e s Duett. Es gilt für eine der schönsten Nummern der Sammlung, und gewiß mit Recht, wenn es auch, zufolge seiner bestimmt ausgeprägten Form, nicht so manche phantastische Deutung zuläßt, wie viele von den andern.

Ein anderes, welches den Charakter des Volksliedes trägt, wird vielfach von den Dilettanten gepriesen, hat aber für ein verfeinertes Gehör etwas Verletzendes durch die Verdoppelungen der Oktavengänge, welche allerdings den Volksgesang in seiner Eigentümlichkeit wiederspiegeln.

Im fünften Hefte findet sich unter Nr. II eine Art Triumphgesang, der stark wie ein Freiheitslied klingt. Gut, daß für die deutsche Polizei die reine Tonsprache Sanskrit ist, sonst würde sie solch einen Rhythmus verbieten. Es ist ein kettenzermalmender Uebermuth darinnen, der den Hörer begeistert und elektrisirt. Sollte wirklich der Drang der damaligen Zeit auch in das harmlose Clavier gefahren sein und sich dort einen Ausweg gesucht haben, als ihm das Wort versperrt war? Doch das ist ja die Magie der Tonkunst, daß jede Zeit das heraushört oder hineinlegt, was ihr heißestes Bedürfniß ist.

---

An der Reform der Claviermusik im Allgemeinen hat einen eben so großen Antheil als Mendelssohn, Friedrich Chopin, ein Pole von Geburt. Während Mendelssohns feiner Verstand, sein hochgebildeter Geschmack die Auswüchse der vorhergegangenen Periode hinweggetilgt oder zurechtgebogen, die Formen vereinfacht, den Inhalt vergeistigt, im Ganzen aber auf dem vorhandenen Boden fortgebaut hat, brach Chopins Genialität bisher unbekannte Bahnen in die romantischen Dämmerungen der wunderbarsten Harmonien. Seine Musik steht neben der Mendelssohn'schen wie das Mährchen neben der Geschichte. Sie ist nicht so gesund, noch so wahrhaft und verständig, hat aber dafür all den schwülen Zauber, die ahnungsvollen Schauer des Mährchens.

Es wäre gar nicht unmöglich, auch einen Kenner, der zum erstenmal eine Mendelssohn'sche Melodie hörte, glauben zu machen, es sei eine von Mozart oder Beethoven, die er noch nicht kenne; so nah verwandt ist trotz aller Originalität Mendelssohn diesen seinen großen Vorbildern. Chopins Melodien hingegen sind u n e r h ö r t , keine ähnliche ist vor ihnen erfunden worden. Daher kömmt es wohl, daß bei seinem ersten Auftreten fast alle Personen über vierzig Jahr ihn haßten und ihn ganz unfaßlich fanden, während die Jugend sich leidenschaftlich für ihn begeisterte.

Fragen wir nun, was das ist, das uns bei Chopin so namenlos erschüttert, mit Grauen und Entzücken erfüllt, so findet sich eine Lösung, die Manchem erst recht wie eine Fabel erscheinen möchte: Chopin will die Vierteltöne erlösen, die jetzt nur wie gespenstige Doppelgänger schattenhaft zwischen den unharmonischen Verwechslungen auftauchen.

Um diese Ansicht zu rechtfertigen, müssen wir ein paar gute Schritte rückwärts in die Musikgeschichte blicken. In den frühesten Jahrhunderten christlicher Zeitrechnung, wo man nicht das Ohr, sondern die mathematische Berechnung entscheiden ließ, welche Intervalle wohl oder übel klingen müßten, schritten die mehrstimmigen Sätze in Quinten und Oktaven neben einander fort, denn Terzen galten für unerträgliche Dissonanzen. Also gerade das, was wir jetzt als die abscheulichste Harmoniefolge empfinden, galt damals als die einzig richtige. Das menschliche Ohr war noch nicht hinreichend gebildet, um näher liegende Zusammenklänge zu unterscheiden. Die Quinte, allenfalls die Quarte lag ihm noch weit genug aus einander; wahrscheinlich aber machte die kleine Terz (diese schmeichlerische, wollüstige Lieblingin u n s e r s Gehörs) damals denselben Eindruck, wie uns jetzt etwa die kleine Sekunde, oder die übermäßige Prime, *C* und *Cis* zusammen angeschlagen.

Denken wir uns nun die Vierteltöne mit in unser Intervallen-System aufgenommen, so wurde die Sekunde vielleicht dasselbe für die Zukunft, was uns jetzt die Terz ist. Jeder, der in die Geschichte der Musik geblickt, wird sich der Revolution erinnern, welche die erste Einführung der Terz, auf welcher der Sturz des alten und der ganze Bau unsers jetzigen musikalischen Systems gegründet ist, hervorrief. Welcher Zeiträume bedurfte es, bis sie als wohlklingend anerkannt war. Nun verdanken wir ihr die Reihenfolge der herrlichsten Harmonien, die seit Jahrhunderten, einander immer überbietend, unsere Seele erfrischten. Aber manchmal will es scheinen, als sei nun doch der Quell beinahe ausgeschöpft; mehr und mehr klingen die neuern Melodien wie Nachahmungen oder oberflächliche Veränderungen der oft dagewesenen ältern, und das Ohr seufzt nach ganz Neuem, Unerhörtem.

Emancipirt die Vierteltöne, so habt ihr eine neue Tonwelt!

Aber uns, die wir an die längst bestandene Einteilung in halbe Töne gewöhnt sind, wird die Neuerung schauerlich und wie ein bloßes Geräusch von Dissonanzen klingen: doch vielleicht schon begrüßt die nächst- oder drittfolgende Generation, wenn sie erst mit der Muttermilch die fremden Klänge eingesogen hat, in ihnen eine frischerstandene, doppelt reiche Kunst.

An dieser mysteriösen Pforte scheint Chopin zu rütteln; seine Melodien schleichen widerstrebend durch die halben Töne, als tasteten sie nach feinern, vergeistigtern Nüancen, als die vorhandenen seinen Intentionen bieten. Ist einmal diese Pforte gesprengt, so sind wir abermals um einen Schritt näher den ewigen Naturlauten: denn warum können wir die Aeolsharfe, das Waldesrauschen, die zauberischen Laute des Wassers nicht treu in Töne fassen, nur schwach nachahmen, weil unsere sogenannten ganzen und halben Töne zu plump und lückenhaft auseinander liegen, während die Natur nicht bloß Viertel- und Achteltöne, sondern die unendliche, kaum in Klang-Atome zersetzte Skala besitzt!

Es ist, als ob ein Chopin'sches Notturno darnach ringe, die Stimmung hervorzurufen, die uns in tiefster, einsamster Mitternacht umweht, wenn wir auf einer hohen freien Stelle horchend stehen, und alle die flüsternden Laute wach werden, die sonst das Tagesgeräusch übertönt. Da fließt es von den Sternen herab, steigt aus den Thalgründen auf, und klingt zu Einem kaum hörbaren Etwas zusammen. Es ist nicht Schwirren, es ist nicht Tönen, was die weite Atmosphäre erfüllt: doch sie ist da, diese Musik der Nacht, für die es keinen Namen giebt – keiner kann sie wegläugnen, der sie einmal belauscht.

Den Weltschmerz und die Zerrissenheit der Jugend seiner Zeit hat auch Chopin wie kein anderer Componist ausgesprochen. Ironisch hat er diese Empfindungen in seine zahlreichen Mazurken ausgegossen, die aber von Tänzen nichts als den Namen und den Dreiviertelstakt haben.

---

Beliebter beim größern Publikum als Chopins Compositionen, sind ihres Glanzes und ihrer leichtern Faßlichkeit wegen die von Thalberg, welche mehr den Fingern der Spieler, als dem Begriff der Hörer Anstrengung zumuthen. Sie sind ohne Geist, aber voller Anmuth, und verrathen weniger Erfindung als geschickte Bearbeitung. Das leichte, fröhliche Element süddeutscher, eigentlich Wienerischer Eleganz und Lebenslust spiegelt sich darin. Es sind treffliche Saloncompositionen, und als solche wohl kaum bisher überboten.

---

Zwischen Thalberg und Chopin mitten inne steht Adolf Henselt, gediegener als der erste, minder genial als der zweite, von jedem aber einen kleinen Antheil der Vorzüge vereinigend. Gleich Chopin schildert er Naturbilder, aber nicht ihren schauerlichen Räthselzauber, sondern nur die schimmernde oberflächliche Erscheinung. Aus der unerschöpften Tiefe der schmerzlichsten Gefühle nimmt er die vergiftete Pfeilspitze hinweg, und zeigt uns nur höchstens ein helles Blutströpfchen auf einer schneeweißen Brust. So gleißend wie Thalbergs Raketenpassagen sind die seinigen auch nicht, aber sie beruhen auf einer durchdachtern harmonischen Grundlage.

Eine Eigenheit Henselts, die Viele ihm nachahmen, sind die fremdartigen, übermäßig mit Kreuzen und Been belasteten Tonarten, die er wählt, und wodurch (man kann es nicht läugnen) mancher gewöhnlichere Gedanke origineller scheint, als er wirklich ist. Diese Unart erschwert ohne Noth den Dilettanten manches populäre Stück. Man sollte wirklich das heilige *Des-dur*, das tragische *As-* und *Es-mol*, das in dunkeln Purpur gehüllte *Fis-dur* nicht so für jede Lappalie mißbrauchen; dieser Frevel beraubt die genannten Tonarten nach und nach ihres Nimbus; sie werden gewöhnlich wie *G* und *D*, und für Geistererscheinungen und große Affekte wird den Componisten ihr bequemstes Mittel weggefischt. Man ist jetzt schon so verwöhnt, daß Einem oft eine wirklich achtungswürdige Composition, die in einer schlichten Tonart auftritt und nur durch den innern Gehalt etwas gelten will, neben einer minder geistvollen, die mit Doppelkreuzen und Been gewürzt ist, auf den ersten Augenblick flach und arm erscheint. Es (dieß) ist dieß ein ganz ähnliches Begegniß, wie man es häufig auf den Kunstausstellungen erfährt. Fast alle Landschaften prangen in rother Abendbeleuchtung oder empfangen ein zerrissenes Licht durch die Lücke einer Gewitterwolke. Sieht man daneben eine vortreffliche Composition mit einem natürlichen Grün im gesunden Tageslicht, so braucht das Auge lange Zeit, bis es erkennt, daß diese ächte Wahrheit und die früher gesehenen nur Blendung waren.

---

Beethovens größere Claviersonaten, die einzig und unvergleichbar dastehen, keiner Zeit und Moderichtung angehören, sollte das letzte Studium des ausgebildeten Spielers sein, das er erst dann unternimmt, wenn er sich selbst Rechenschaft von dem darin wohnenden Geiste geben kann.

---